U0956551

爵士乐群英谱 2

村上春树 著
和田诚 画
林少华 译

上海译文出版社

目录

前 言

村上春树

看书名即可明了，这本书是上一本《爵士乐群英谱》的续篇，同样是我与和田诚君合作的产物。无论体裁还是做法都和上回一模一样。先由和田君挑选二十六名爵士乐手作画，然后由我配上文章。

老实说，这样的工作对于我简直轻而易举。比如说，心想该写克里福德·布朗（Clifford Brown）了，于是从架子上抽出几张久违的布朗唱片（是的，当然是 LP①）放在唱机转盘上，身子缩进往常的沙发，侧耳倾听一会儿音乐，然后把当时浮上脑海的东西伏案归纳成长度合适的文章。我的书房兼作音乐室，这种时候方便得很。

我在这房间里作为主扩音器使用的，是JBL又老又大的——不用说，已经相当落伍了——背载喇叭型（Backload Horn）组合音响。想来，已经用来连续听了二十五年爵士乐。所以，提起之于我的爵士乐音质，好也罢坏也罢，舍此无从考虑。身体早已同其音质融为一体了。世上有更好的音质这点当然一清二楚，但我就好像懒得出洞的鼹鼠一样，总是缩在这个舒舒服服暖暖和和的洞里一动不动。

归终，我所怀有的"爵士乐观"，也和这音质大同小异，属于相当私人性质的、个性化的种类。感觉上似乎几乎没有任何进化。不仅如此，由于种种样样的记忆经年累月黏贴在它的四周，以致有时候事情朝不应有的方向流淌过去。

因此，即使你对这里收录的乐手的看法和我不同，也请你不

---

① LP：Long Playing之略，长时间演奏的唱片。密纹唱片。每分钟转速为33/3转。单面约转30分钟。

必想得太深。作为我，听音乐和写文章仅仅出于喜欢罢了。假如我所感觉的类似洞穴温煦那样的东西碰巧你也能感觉得到，那可真叫我大喜过望。

索尼·罗林斯（Sonny Rollins）

简单概括一下好了。某一时期——当下的事我不大清楚——爵士乐是街头最“酷”的音乐。其中尤其“酷”的是次中音萨克斯管演奏者。为什么说次中音萨克斯管演奏者“酷”呢？因为那里面有索尼·罗林斯和约翰·柯川的存在。迈尔斯·戴维斯（Miles Davis）、阿特·布雷基（Art Blakey）和加农炮艾德礼（Cannonball Aaderley）也都是人气乐手，但罗林斯和柯川飚吹时那“寸步不让”的底气，实在是其他乐器替代不了的。

罗林斯的魅力可以举出若干，而最为绝尘而去的是他演奏标准曲（Standard Song）——即所谓“老歌”——时的天风海涛般的想象力：一头闯入乐曲怀中，首先慢慢分解开来，而后随心所欲地重新组合，再次拧紧螺丝。也就是说，他是在保留外壳的情况下而将里面的内容彻底置换一遍。这方面的雷厉风行始终令人荡神销魂。“理科”出身的柯川则很难做到。

我想，罗林斯恐怕基本不具有战略那个东西。手握次中音萨克斯管往麦克风前一站，想吹什么就有什么从脑袋里一冲而出，当即“解构”完毕，一气呵成。非天才不能为也。柯川则要将文本一个个叠积起来，辨证地、模拟地制作音乐，一如上楼梯。但罗林斯不同。从一楼钻进电梯，再开门时已经一下子到了三十六楼——便是有这种荣格（Jung）式横冲直闯的部分。这方面的场景置换方式说类似纯文学也好什么也好，反正一旦进入轨道，此人直觉而大胆的塑造力就一发而不可遏止，足以撼人心魄。我在波士顿的爵士乐俱乐部听过其现场演奏，的确十分了得，随心所欲一口气吹了三十分钟仍一副意犹未尽的样子。实非常人可为。至于吹的什么乐曲，倒是全然记不得了。

Wada 99

正如此类天才所常有的那样，顺利时自然好，而一旦脱轨，就多少有些麻烦。这也正是终生困扰罗林斯的问题点，以致几次将他逼入临时引退的地步。

他的唱片中，我最喜欢听的是《桥》(The Bridge)，那是在他经过一次时间最长的沉默后灌制的第一张。声音的纵向排列栩栩如生，每个声音都具有迄今未有的沉实的芯，却又不失原来的音速，漂荡着含有阴影的内省。虽然 Saxophone Colossus 是众所公认的名盘，但对于了解罗林斯后来足迹的人来说，其中展开的过于辉煌而自然的音乐世界，因其完美程度的关系而有不时令人沉思的东西。与此相比，每次听《桥》时我都奇异地受到激励。或许不能称之为罗林斯的最杰出作品，但其中确实有一种东西如温柔的钝器击打自己的心。

THE BRIDGE（RCA Victor LPM—2527）
本书标明的唱片及其编号，均据著者（村上）拥有的LP

索尼·罗林斯（1930—　）

生于纽约，现代爵士乐界健在的最后巨人。五十年代黄金时期同迈尔斯·戴维斯等人引领乐坛。1956年发表作为现代爵士乐金字塔的Saxophone Clossus，获得好评。其豪放的演奏被誉为“罗林斯调”。他是个完美主义者，始终致力于探索即兴演奏的可能性。惟其如此，几度宣布引退，又几度东山再起。其魅力至今仍无人可比。

霍里斯·席尔瓦（Horace Silver）

倒是很久以前的事了。上高中时攒钱买了一张名叫《写给我父亲的歌》（Song For My Father）唱片。和女朋友路过神户元町一家日本乐器店时买的。进口原装，沉甸甸的，崭新崭新。唱片上印有蓝音唱片公司（Blue Note）地址，仍是纽约61号街41号①。

她对爵士乐没有多大兴致，只是说“好漂亮的套封啊”。季节是秋天，云絮高得须眯起眼睛才能望见——就连这个都记得清清楚楚。想必买这张唱片的事留下的印象很深。

① 实际应为“43号”。——编者注

Wada 2000

当时蓝音唱片公司不允许在日本印制，只能买进口的，价格为 2800 日元（1 美元 =360 日元）。毕竟是 60 日元即可喝一杯咖啡的年代，2800 日元不算小数，高中生横竖买不起。所以，得到一张唱片，听得十分认真。像一条狗似的一头扎进使用 Victor 商标的留声机喇叭里，不折不扣是侧耳倾听，任何一个音都不放过。虽然不能说把唱片看得比女朋友还宝贵，但至少不相上下。或手摸或闻味儿或左看右看，如此没完没了。对于我，每一张唱片都是宝贝，都仿佛是把自己带入另一世界的入场券。而现在的人，哪怕音乐本身再好，恐怕也不至于把 CD 塑料盒紧紧抱在怀里（会吗？）。

唱片标题曲《写给我父亲的歌》有一种不可思议的存在感。节奏的基础大体是波萨诺瓦（Bossa nova），但滞重、黏稠，罩在黑暗的过滤网下，气氛同当时流行的斯坦 · 盖茨（Slan Getz）洗炼的都市风味波萨诺瓦截然不同。席尔瓦的父亲是葡萄牙黑人。他小的时候，附近的人时常拿乐器聚在一起演奏轻

SONG FOR MY FATHER
(Blue Note BST—84185)

霍里斯 · 席尔瓦 (Horace Silver, 1928—2014)

生于康涅狄格州。放克爵士乐创始人，蓝音唱片公司（Blue Note）王牌钢琴手兼作曲家之一。1953 年发表 Opus De Funk，以此确立了钢琴爵士乐的放克风格。同时作为旋律创作者而充分施展才华。1956 年组建属于自己的五重奏乐队，掀起放克爵士乐热潮。最走红的作品是《写给我父亲的歌》。

音乐。他说这支乐曲便是回想当时情景写下来的。那种令人怀念的小巷芳香舒心惬意地沁入每一个音符，将一个既非硬波普（hard bop）又不是放克（funky）的霍里斯·席尔瓦的个人世界鲜明而又不无魔术意味地展现出来。旋律固然带煽动性，但颇有底蕴。

年轻时的乔·亨德森（Joe Henderson）吹奏的大刀阔斧、不可一世的次中音调子也值得好好一听。空肚子听起来，腹部会有沉重的撞击感。

我不知把这张唱片放在转盘上听了多少次（尽管也有追加尚未公开乐曲的CD，但我无论如何都要选择音质撩人情怀的LP），百听不厌，的确是好东西。即使现在，当我把唱针落放在唱片上，那独特的前奏音型响起来的时候，也还是觉得怦然心动。斯蒂利·丹（Steely Dan）在《里基别丢了那个号码》（Rikki Don't Lose That Number）的乐曲中“引用”了这段前奏音型——即使听这个也胸口怦怦直跳，不骗你。

阿妮塔·奥黛（Anita O'Day）

继比莉·霍丽戴（Billie Holiday）之后出场的白人女爵士乐手之中，若问我最喜欢谁，我会毫不犹豫地举出阿妮塔·奥黛的名字。Chris Connor、June Christy 和 Helen Merrill 固然也都是富有魅力的歌手，但以个人喜好而言，没有人能超过阿妮塔。

关于阿妮塔的出色之处，无论怎么说，都是她选择的几乎所有乐曲在结果上无不“成为爵士乐”。较之女性情绪和韵味，或者较之文艺性深思熟虑，她的主要卖点更在于其爵士魂简洁明快的表达。她的音乐语汇听起来有时索然无味。正因如此，音质总的说来像汽车警笛一般干巴巴，音阶也并非可以大声夸奖的那一种类。但反正成了爵士乐。而我就喜欢她这种“满不在乎”的一根筋态度。

其他白人歌手多少有自我陶醉倾向。好也罢坏也罢有时忽然闭起眼睛，委身于现场气氛。但阿妮塔全然没有类似表现。也许出于天性吧，她不喜欢在自己提供的音乐中留下模棱两可的成分。相对说来，她做得干脆利落，黑白分明。有时过于利落了，致使音乐的汤汁荡然无存。这点有人喜欢有人不喜欢。

阿妮塔这位歌手深受比莉·霍丽戴的影响，但比莉·霍丽戴虽然和阿妮塔一样绝不拖泥带水，但同时又具有多重性：一方面将音乐作为音乐引吭高歌，一方面进一步腾跃而降至灵魂无明的深处。然而遗憾的是，阿妮塔——准确说来，此外任何人也不例外——没有那样宏大的格局。

尽管如此，阿妮塔的歌声仍以其音乐性每每直率地打动我的心。最漂亮的例子，大概是她在电影《夏日爵士乐》（Jazz on a Summer's Day）中演唱“Sweet Georgia Brown”的著名一

Wada 97

幕。那一幕真实记录了她在最不适合爵士歌手的大白天野外音乐会舞台上把散漫的听众一步步领入自己音乐世界的情形。她那含带紧迫感的一根筋式演唱风格在此达到一个顶峰。或许那是被限定的高度。但至少是个性化的、有人情味的高度。仅仅因为这一幕，阿妮塔就成了爵士乐一个传说。

令人十分不忍的是，阿妮塔本身未能忍受住那种内在的紧迫感。她因此而遭受毒品之苦，受困于精神上的烦恼。但她留下的音乐深藏着截然不同的真诚。我最喜欢的一首歌曲，是她在芝加哥一家小爵士乐夜总会以钢琴三重奏为伴奏录制的 Joe Albany 不为人知的佳曲《孤独是井》（Loneliness Is a Well）。每次倾听都一阵心颤。

ANITA O'DAY AT MISTER KELLYS（Verve MGV—2113）

阿妮塔 · 奥黛 (1918—2006)

生于芝加哥（另说 1919 年生于堪萨斯）。40 年代前半期活跃于 Gene Krupa 乐团、Stan Kenton 乐团。以“Let Me of Uptown”一曲走红，由此广为人知。其后自立门户，50 年代同录制人 Norman Granz 合作，作为歌手获得成功。她是获得最高评价的白人女爵士乐歌手之一。其沙哑而动听的歌声、华丽的现代唱法给后来的歌手以很大影响。

现代爵士乐四重奏(The Modern Jazz Quartet)

我上高中的时候，男性的流行服装无论如何都是处于全盛期的长春藤盟校风格（Evy Style）。或者不如说此外几乎别无选择。即现在所说的美国传统。那种时代的MJQ（Modern Jazz Quartet）四人着装风格在我们眼里“酷”得一塌糊涂。

说起当时的爵士乐手，给人的印象相当灰暗：身上全都脏兮兮的，吸毒，生活自甘堕落。可是MJQ四人清一色身着“布鲁克斯兄弟”（Brookes Brothers）款式深色西装，白色扣领衬衫，真丝领带。胡须整整齐齐，长相英俊而有绅士风度。而且，他们的台风像大学老师一样沉静而节制。想必是约翰·刘易斯（John Lewis）设计的战略，反正潇洒得很，令人心

Nada 99

仪。如今温顿·马萨利斯（Wynton Marsalis）一派继承了这一流风遗韵，身穿甚为高档的意大利西装登台亮相。但与他们相比，当时MJQ四人无论在音乐上还是流行服装款式上，冲击力都要大得多。其中含有果断而又切切实实的信息：黑人乐手也是蛮有知性的，我们并没有穷困潦倒（underdog），我们正在寻求相应的敬意！

反过来说，作为MJQ组合的强势存在于作为这一组合的破绽之中。这点只要实际观看他们在台上的演出，情景上即可一目了然。其他三人严格保持已然设定的整合性音响，然而颤音琴手米尔特·杰克逊（Milt Jackson）却在独奏过程中无法忍受正规风范，忽一下子脱掉西装，扯掉领带——当然是在比喻意义上——开始独出心裁地慢悠悠摇摆起来。尽管如此，其他三人也显得“与己无关”，淡定地（也许并不淡定，但至少表面上如此）、面无表情地继续保持MJQ式节奏。表演完毕，杰克逊若无其事地重新冷静地穿好西装，扎上领带。如此周而

CONCORDE（Prestige 7005）

现代爵士乐四重奏

1952 年以 Dizzy Gillespie 乐团的节奏部为母体组成的乐队。四人分别为：钢琴手约翰·刘易斯、颤音琴手米尔特·杰克逊、贝司手佩西·希思（Percy Heath）、爵士鼓手肯尼·凯（Connie Kay）。主要由刘易斯负责作曲和编曲。他们将欧洲古典音乐的芳香融入爵士乐，形成洗炼的感性特色。代表作有"Diongo"、"Concorde" 等。

复始。这种出格与回归圆融无碍的切换，在结果上变得极其刺激、极其爵士。正因如此，他们才在长达20年时间里只更换过一次成员，使这一组合在经营上得以存续、在音乐上得以保持高水平。

但是，世界上当然不存在永远存续的东西。过了某一时段之后，MJQ开始失去曾经的原创力，固有模式多少令人生厌。结果，四人各奔前程。不过，每当看六十年代的老影片而有MJQ音乐从后面流淌出来，还是觉得十分新鲜。试图冲出牢笼的自由魂的振翅声真切地传来耳畔。于是再次感慨：简单说来那就是爵士乐。不由得想要正襟致意。他们并不多说，但应该说的绝对说得无可辩驳。

泰迪·威尔逊(Teddy Wilson)

还年轻的时候，听泰迪·威尔逊听得相当热心。唱片也搜集了。细想之下，二十岁刚过（血气方刚）的年轻人听泰迪·威尔逊的钢琴听得入迷，很难说是寻常光景。或者有某种东西奇妙地沁入心中或血气中亦未可知。

但时过不久，一如自己的脚步渐渐远离了常去的唱片店，意识到时，已经不怎么听泰迪·威尔逊的音乐了。在酒吧里喝酒时偶尔从身后传来他的钢琴声，诚然心想：“啊，泰迪·威尔逊，不错啊！”但也不至于回家后从唱片架里抽出泰迪·威尔逊的旧唱片细细品听一遍。

也不是说听够了。总之，是现实社会行进的步调同威尔逊音乐行进的步调有了相当大的距离——借用马拉松实况转播用语来说，几乎看不见背影了。再说得简单些，我们的日常生活实在过于忙乱了，以致我们已经无法静下心来听威尔逊演奏的音乐。

所以，并非说威尔逊的音乐老了没有当下价值了。正因为落后于时代而反倒感人肺腑的东西也是有的。作为记忆，他的音乐余温仍深深留在我的心中。而且，我情愿相信，现在某个地方也应该有——尽管可能少而又少——侧耳倾听泰迪·威尔逊钢琴的孤独的血气方刚的年轻人。

威尔逊钢琴的出彩之处，在于其独特的诉说语调。他的演奏没有阿特·塔图姆（Art Tatum）那种自鸣得意的魄力，没有巴德·鲍威尔（Bud Powel）那种尖锐的革新性，也没有特洛尼斯·蒙克（Thelonious Monk）那种遒劲的文体。但是，除了威尔逊，很难找见像他那样具有流畅而亲密诉说语调的钢琴手。

不过不仅仅是单纯。有句话说“善于诉说的人也是善于倾

M. Wada 99

听的人”，威尔逊的钢琴恰恰如此。他的钢琴不仅仅流畅地诉说什么，而是在诉说过程中将听众心中“不能诉说的话”巧妙地引拉出来，温柔地融入自己心中。那里有活跃的心跳，有真诚的灵魂，有无法用嘴巴说明的心情的交融互汇。正因如此，我们才在他的演奏风格中时而感受到某种治愈心灵的特殊装置的存在。它是那么自然而然、那么温情脉脉。不时有人批评他，说听他等于什么也没听。那种时候我总是这样想：威尔逊像威尔逊那样弹奏，岂不是理所当然的吗？

泰迪·威尔逊的钢琴三重奏唱片中我最喜欢的是哥伦比亚唱片公司（Columbia）出的这张。每一曲都让人“悠然心会”，那种令人舒心惬意的姿态，无论谁怎么说，也都是在其他钢琴手身上难以找见的。

MR. WILSON THE FABULOUS TEDDY WILSON
AT THE PLANO（Columbia CL748）

泰迪·威尔逊（1912—1986）

生于得克萨斯州。在芝加哥、纽约磨练技艺，1935年同本尼·古德曼（Benny Goodman）、Gine Krupa联手组成三重奏乐队。因白人和黑人第一次联手而引人注目。与此同时，多次参加摇摆（Swing）时代才华横溢的乐手们的录制活动。尤其作为比莉·霍丽戴（Billie Holiday）的伴奏者留下了出色业绩。其后执教于音乐学校，周游世界，活跃一时。是传奇性著名钢琴手之一。

格伦·米勒(Glenn Miller)

格伦·米勒攀上人气顶峰时，作为空军少校入伍参加了第二次世界大战，在英吉利海峡的飞机事故中意外丧生，化为美丽的传说。詹姆斯·史都华主演的传记影片也使得这一传说更为痛切感人。米勒虽然死了，但他的音乐依旧粲然生辉。

米勒的音乐，较之爵士乐，称之为“镶嵌爵士乐语汇的舞曲”恐怕更为切合实际。他不具有同时代与之平分人气的本尼·古德曼（Benny Goodman）那样的革新性。至少以唱片听来，他的音乐并不摇摆。即使摇摆，也不过像是随着微风摇曳的花边窗帘，优雅而不张扬。虽然乐队拥有众多出类拔萃的乐手，却没有让他们表演异军突起的独奏。因此，今天普通爵士

M. Wada 99

乐迷很少能有机会认真品听米勒乐队的音乐。

尽管如此，米勒乐队留下的若干演奏仍是具有独特风格的优质音乐，这点任何人都无法否定。对于当时的年轻恋人们来说，那想必是极其实用的音乐装置。至于其演奏是不是爵士乐，对他们而言应该几乎不成问题。那是年轻男女相互拥抱共度良宵之时听的音乐。摇摆的莫如是他们的心。

我十几岁的时候，即使神户广播电台每晚播放两小时的流行音乐点播节目，也时常有格伦·米勒的曲目混在“猫王”埃尔维斯·普雷斯利（Elvis Presley）和鲍比·达林（Bobby Darin）等歌手的流行歌曲中播放出来。例如，Hound Dog之后是《一串珍珠》（A String of Pearls）或In the Mood等等。至于是整个日本都这样，还是只神户这座城在这点较为特殊，我就不晓得了。反正格伦·米勒的曲目在六十年代初是作为现役流行曲在我四周发挥作用的。

因此，对我来说，格伦·米勒留下的大约一打热门歌曲，

MUSIC MADE FAMOUS BY GLENN MILLER SILVER JUBILEE ALBUM
(Warner Bros · WS1468)

格伦 · 米勒 (1904—1944)

生于爱荷华州。他是长号手，但更以摇摆爵士乐全盛时期的人气乐队指挥而闻名。其悠扬悦耳的乐曲、甘美华丽的编曲风靡整个美国。1937 年组建自己的乐队，《月光小夜曲》、“In the Mood” 等曲目接连走红。1942 年服兵役，率领乐队在各地慰问演出。飞越英吉利海峡时死于事故。1954 年，传记片《格伦 · 米勒的故事》开始公映。

与其说是年代久远的古典，莫如说更是当下令人“怀念”的歌曲。记得写《且听风吟》的时候，我蓦然心想：假如把这本书拍成电影，作为字幕背景音乐，《月光小夜曲》（Moonlight Serenade）应该是合适的。那里有一种不妨称为“气穴”（air pocket）的拟古空气，不可思议。在我的脑海中，那一时期的神户风景总好像带有《月光小夜曲》意味。感觉上似乎是什么时代也不是的时代的什么场所也不是的场所。

1962年录制“Silver Jubilee Album”之际，雷·艾伯洛（Ray Eberle）、泰克斯·贝内克（Tex Beneke）、The Modernaires等米勒乐队往日的明星们欢聚一堂，为米勒音乐再现辉煌。夏日傍晚一边啜着冰镇的Chablis白葡萄酒，一边倾听这样的音乐，势必心想即使不搞什么摇摆也未尝不可嘛！

威斯·蒙哥马利（Wes Montgomery）

第一次听得威斯·蒙哥马利弹奏吉他时感觉到的，是此人的演奏和其他人截然有别。无论调子还是弹法都绝对新鲜。而且，较之绞尽脑汁想出来的东西，更有一种悠然自得的氛围，仿佛从哪里自然喷涌出来的，不能不为之心悦诚服。回想起来，自己似乎始终为威斯·蒙哥马利所折服。

这种发乎自然的魅力以完美形式流光溢彩的，无论如何都是现场演奏的“Full House”。也是因为有 Johnny Griffin 热烈而又恰到好处的次中音萨克斯管相助的关系，演奏的确精彩至极。同温顿·凯利三重奏乐队（Wynton Kelly Trio）共同录制的“Smoking at the Half Note”虽然也是相当摇摆的优秀唱片，但听的时间长了，还是会听出凯利和威斯的纠合。这恐怕是因为两人各自的独特风格在许多地方“不无饶舌”地相互重合的缘故。这一点，Griffin 和威斯的合作可以说各得其所。Griffin 那犹如硬饭团一般坚实冷峻的次中音，威斯那蕴含恰到好处的甘美韵味的醇厚的吉他声——二者巧妙地相互纠合、相互反弹、相互刺激。凯利在这里也弹钢琴，但他和彻底为别人伴奏时的凯利判若两人，弹得优雅得体，令人心荡神迷。

但在威斯确立自己特有的风格、成为独树一帜的明星乐队之后，同管乐手的合作明显减少了。出道之初，同 Adderley 兄弟、Harold Land 联手出了几张唱片，但以自己名下的小乐队推出同管乐手合作演出的专辑，则仅此“Full House”一张。相比之下，加入风琴演奏者或由大乐队伴奏的演出多了起来。想必所用声响渐渐变得大气和浑厚之后，已经很难再为别人独奏、独唱伴奏了。不过，同 Griffin 合奏当中所表现的洒脱的管乐与吉他的和音、游刃有余而又适可而止的相互牵制，听起来

M. Wada 99

令人心旌摇颤。如果可能，真想再度一听为快。

他同吉米·史密斯（Jimmy Smith）场面盛大的合作演出也令人开心。CTI（Creed Taylor Inc.）爵士乐路线也可圈可点。我无意以商业主义为由将这种唱片拒之于千里之外。何况实际听起来也足够愉快。但很难否定，越到后来，威斯的演奏越有约定性折衷色彩。既是如此大气、如此富有底蕴的演奏，那么为什么不可以在其艺术生涯中时不时录制一些别开生面的爵士唱片呢？但另一方面，或许人家本来就不如此一一拘泥于细节。一句话，任其自然。

据有关记载，1961年他在西海岸同约翰·柯川一起演出过几次，可惜没有留下录音。到底是怎样的演奏，很想一饱耳福。

FULL HOUSE（Riverside RLP12—434）

威斯·蒙哥马利（1925—1968）

生于印第安纳波利斯。二十几岁就已完成了不用弹片的“thumb pick 弹奏法”和同时弹奏相隔八度音程的同一音高的“octave 弹奏法”，二者成为他的注册商标。1959 年被加农炮艾德礼（Cannonball Adderley）发现，同 Riverside 唱片公司签约。六十年代以“Incredible Jazz Guitar”而名声鹊起。其后也留下了 1962 年的“Full House”等诸多名作，不幸因心脏麻痹而遽然去世。

克里福德·布朗(Clifford Brown)

我每每觉得，以存世唱片听来，再没有比克里福德·布朗那样音乐密度高的爵士乐手。无论哪一张唱片都质量超群、充满激情，而且别开生面。唱片录制时间加起来不过四年，但布朗抓住其间大凡能抓到的机会，拼死拼活大吹特吹，毫不犹豫，勇往直前，而在登峰造极之际遭遇交通事故不幸去世。他完全远离毒品，这在当时鲜乎其有，却比任何人去世都早，简直是一个讽刺。我甚至觉得，未必是他“活得急”，而有可能是因为某种人生从一开始便被设定得无法忍耐人生的漫长。

我最中意的他的唱片，是“Study In Brown”。学生时代买的国产品，不胜怜爱地听了很久。几年前在波士顿旧唱片店发

现这张 EmArcy 原版唱片只卖 3 美元 99 美分，于是买了回来，实在叫人高兴。为什么这么便宜呢？猜不出理由。比价格更让人兴奋的，是唱片音质好得简直像刚刚睁开眼睛。虽说我用音质不怎么样的国产品也听得满心欢喜，但一听这刚到手的原版，新鲜得让我大吃一惊，就好像眼前的迷雾忽然散尽一样，似乎克里福德·布朗演奏时往前走了两步。我倒不是原版至上主义者，但偶尔遇上这种情况也是事实。

不管怎样，克里福德·布朗的音乐塞满爵士乐这一音乐形式所具有的精彩元素，密密实实，绝无遗漏。而不精彩的元素（或许）则一个也没塞入。简直可以说是奇迹。这恐怕是几乎所有爵士乐迷都主动认同的一点。

尽管如此，我从未碰见溺爱克里福德·布朗音乐的人。坦率说来，我本身也不能“溺爱”他的音乐。可以献上没有保留的敬意，但感情上却不能完全投入其中。为什么呢？那大概是因为我无法从中发现懦弱、失度、迷惘或奈何不得的人性矛盾

STUDY IN BROWN（EmArcy MG—36037）

克里福德·布朗（1930—1956）

生于特拉华州。爱称为 Browny。得到“胖子”纳瓦洛（Fats Navarro）的赏识，自 1951 年开始参加多种乐队。1954 年同马克斯·罗奇（Max Roach）组建辉耀爵士乐史的著名的布朗与罗奇五重奏乐队。在他二十五岁死于车祸前的短暂时间里，留下了许许多多 EmArcy 录制的名作。经常同歌手合作演出，尤以在 Helen Merrill 唱片中的演奏而名闻遐迩。

的阴影。不知何故，在许多情况下，我们总是为超越所有道理的、含有自我堕落自暴自弃的懦弱的艺术所吸引，我们情愿也罢，不情愿也罢。

当然，那不能说是克里福德·布朗的责任。没理由那么说。无论音乐方面还是个人方面，他的人生都没有给充裕的时间供他迂回。毕竟死神紧紧跟在身后，开始往他脖颈吹冷气。克里福德·布朗的音乐正在超越廉价溺爱的地方巍然耸立，我们只能在他面前静静低头。

雷·布朗(Ray Brown)

雷·布朗是一位兼具卓越技艺与爵士乐魂的伟大的贝司手。这点尽管为多数爵士迷和评论家所承认，但最近开始听爵士乐的人们当中，老实说，好像有不少人歪头沉思：人人都说雷·布朗这个人伟大，到底哪里伟大？这是因为，当今不知有多少超级技乐手“简直像弹吉他一样轻轻弹贝司”（Bill Crow 语）——以这一时下标准判断，雷·布朗的贝司听起来有时甚至不无牧歌情调。

在扩音技术不甚发达的波普（bop）时代，为了不被其他乐器的音量淹没，反正必须弹出粗犷的高音才行。为此就要把琴桥定得高些。可是那样一来，就要有强韧的指力，弹奏速度快的复杂乐句就变得极为困难。在那种较量指力的时代，以高超技艺风靡一时的贝司手有奥斯卡·佩蒂福德（Oscar Petiford），有查尔斯·明古斯（Charles Minggus），还有就是这位雷·布朗。

但是，进入六十年代后扩音技术和录音技术突飞猛进，使得司各特·拉法罗（Scott Loafaro）大大改变了贝司演奏概念。而能目睹不为时代潮流所左右、至今仍一如既往中规中矩地认真做事的正统派贝司手的演奏，实在令人开心。由于佩蒂福德和明古斯都早已去世，如今雷·布朗成了正统派的代表人物。如果有机会听雷·布朗现场演奏，千万不要错过机会。听了一定会感叹：果然，这才是真正的贝司演奏！

雷·布朗的演奏没有多余的技巧，只是像例行公事一样（“business as usual”）淡淡弹奏。尽管也有令人赞叹的技巧性独奏，但没有自鸣得意的技术炫耀。他弹得非常轻松随意，如话家常，而又不失卓绝。所谓贝司演奏，就是要真正弹奏贝

M. Wada 99

司特有的节奏，告诉所有弹奏者自己此刻置身何处——这一基本理念仿佛深深沁入他的体内。此外的菜肴，不过是“对顾客的免费服务”罢了。然而他做得全心全意，笑意盈盈。听完他的演奏，爵士乐之所以成为爵士乐那样的感觉就会作为块状物落入腹中——堪称伟大吧？

如果听雷·布朗，还是听他处于巅峰时期的东西为好。这样，奥斯卡·彼得逊（Oscar Peterson）吉他三重奏时代的演奏势必最有震撼性。但录音好而又容易听的，当是Contemporary唱片公司出品的“The Poll Winners”。布朗在这场三重奏里的演奏温情脉脉，自由自在，充满高品位的幽默感。音乐是人性的自然延伸。苦恼与内省？那东西还是请去别处寻找好了。

THE POLL WINNERS
BARNEY KESSEL with SHELLY MANNE and RAY BROWN
(Contemporary C—3535)

雷·布朗 (1926—2002)

生于匹兹堡，作为技巧派而闻名的爵士乐贝司巨匠。自 1945 年被迪兹·吉莱斯皮（Dizzy Gillespie）赏识以来，开始同查理·帕克（Charlie Parker）等巨星合作演奏。1951 年作为奥斯卡·彼得逊三重奏乐队成员施展身手，1966 年退出。七十年代以后以自己的爵士乐队录制唱片。与此同时，同彼得逊的合作演奏也重新开始。1948 年至 1952 年，亦是埃拉·菲兹杰拉德(Ella Fitzgerald）的伴侣。

梅尔·托美(Mel Torme)

在梅尔·托美去世前几年，我去纽约的卡内基音乐厅听过他的特别纪念独奏音乐会。在弗朗克·福斯特（Frank Foster）负责编曲的小乐队伴奏下，梅尔·托美以不衰竭的声音展示了他富有魅力的舞台演出。盖瑞·穆里根（Gerry Mulligan）以“顺路”那样的感觉跳上台去，为几首歌曲增加了给人留下印象的中音萨克斯管伴奏。这位穆里根不久也去世了。

梅尔·托美即使到了高龄也艺风不衰，年轻时形成的空灵洒脱的风格至死未变。什么人生年轮啦枯淡境界啦，那东西他似乎是做不来的。他从不叫苦，大凡困难都被他轻易剔除。一滴汗也不流，嘴角总是挂着温和的微笑。所谓“纽约达人”，

M. Wada 99

非他莫属。

梅尔·托美最初也是鼓手，巴迪·里奇（Buddy Rich）本来也是歌手。两人在同一时期敲着鼓唱歌来着。由于两人要好，因而好像为处于竞争关系感到烦恼。于是某一天两人商量：“喂，巴迪，我当专业歌手，你当专业鼓手！”——至于是不是如此商定的，我固然不知晓，反正从某一时间开始，托美专心唱歌，里奇一味打鼓，各自功成名就。仅就结果而言，应该比反过来好。

托美留下的大部分唱片都充满优雅的爵士乐芳香，很难挑出一部代表作。梅尔乐队初期的作品生机蓬勃舒心悦耳；五十年代加盟 Bethlehem、Verve 唱片公司时期的作品遒劲有力，不可一世；六十年代 Atlantic 公司的唱片彻底丰满圆熟。至于晚年的作品，除了“有些儿好过头了”这一点，其他无可挑剔。

如果允许我在此基础上以个人偏见挑选的话，我喜欢这张“¡ OLÉTORM'E！”。这是一张收录当时流行的十二首拉丁曲

¡ OLÉTORM'E!
MEL TORME GOES SOUTH OF THE BORDER WITH BILLY MAY
(Verve MGV—2117)

梅尔·托美 (1925—1999)

生于芝加哥。男性爵士声乐家第一号人物。据说四岁即已登台，九岁上广播电台演唱。1943 年组建自己的乐队“托美之音”，成为现代爵士乐合唱团的先驱。战后正式开展演唱活动。五六十年代广泛活跃于舞台和电视电影界。作为作曲家也留下了“Born To Be Blue”等许多名曲。

的专辑，说轻松欢快倒也轻松欢快，但比利·梅（Billy May）的编曲潇洒可取。提起梅尔·托美，首先浮上脑海的是马蒂·佩奇（Marty Paich）那知性而温馨的中型乐队的伴奏。那诚然妙不可言，但同样气氛持续久了，难免乏味。相比之下，比利·梅以略嫌粗野的向前俯冲的韧性展开的声响则从背后不断踢打托美，因而唱片给人以情趣不同以往的“地动感”。轻灵洒脱、完美无缺、优雅得体——仅用这些往日梅尔·托美境界描述是无法简单概括的。这种组合如果多录制一些该有多好！或者歌手不愿意让歌曲品格向希纳特拉（Frank Sinatra）方向倾斜亦未可知。

位于大都会一隅的整洁而别致的小型俱乐部、毛皮大衣、香槟和鸡尾酒——这就是梅尔·托美生活的世界。希纳特拉式的拉斯维加斯豪华酒店的音乐则不是他所向往的。这或许因为他是达人中的达人，不过多少令人心生惋惜。

谢里·曼恩（Shelly Manne）

无论从哪个角度看，谢里·曼恩都是能言善辩的鼓手，但决不“饶舌”。会说，却不说无聊之事。这种微妙界线的精确性，反映出他作为音乐家的自负。

以餐馆打比方，就好像一盘一盘端出下酒菜的饮食店。每盘菜都有特色，考究、抢眼。老板也和蔼可亲，不啰嗦，察言观色随机应变。价钱绝不便宜，但考虑到菜式质量，也还算物有所值。不像对面“马克斯·罗奇店”老板那样绷着脸，店堂照明也暗，仿佛说：“味道好不就行了？别吭声，赶快吃，吃完马上走人，别说无用的客气话！”——总之没那么冷淡。不用说，很有人气。

我开始听爵士乐那阵子，一心扑在谢里·曼恩的“My Fair Lady”上面，从早到晚光听这个，听得我把即兴演奏部分（ad lib）整个背了下来。所以，关于谢里·曼恩，即使现在也无论如何都想给他打高分。由 Contemporary 出品的以他为主的唱片，无论哪一张都足以令人心旷神怡——当然是说如果允许打高分的我加以评价的话——喜欢爵士乐的人买了绝不吃亏。现场录制的唱片尤其好。

听我这么说，特别在鼓手方面认为黑人至上的大部分爵士乐迷难免蹙起眉头。但问题是，如果世上所有餐馆全都像“马克斯·罗奇店”那样，岂不够累人的！罗奇也好阿特·布雷基（Art Blakey）也好我都喜欢，但那和这是两回事。在谢里·曼恩优雅、雄辩而又简洁明快的鼓点的促使下，我喜欢目睹（耳闻）彬彬有礼的西海岸音乐家们较平时高一刻度的激情演奏。切身感受其中的温度差是一个小小的欢喜。

罗斯·麦克唐纳（Ross MacDonald）这样写道：“有人说

M. Wada 99

加利福尼亚州没有四季，所以单调无聊。四季分明就在那里，只不过有人感觉不到罢了。”诚哉斯言！

谢里·曼恩的唱片中，我特别中意“SHELLY MANNE & HIS MEN AT THE BLACK HAWK”（原来四张一套，最近以CD出了收录未发表曲目的第5辑）。这张现场录制的唱片高潮迭起，富于刺激性，值得一听。前排小号手乔·戈登（Joe Gordon）和次中音萨克斯管手里奇·卡穆加（Richie Kamuca）那沉稳坚实的独奏会令人情不自禁地露出笑容，而钢琴手维特·菲尔德曼（Victor Feldman）也随处——尽管时而啰嗦——传达出洒脱韵味。带头人谢里·曼恩在后面击鼓到底——催促倾其所有端出菜来，从后面一个个踢打所有队员的屁股。和同时代的东海岸黑人乐队厚重的韧性相比，也许有人说他“情念淡薄”。但那个和这个是两码事，假如这里的东西不是爵士乐这种音乐给予的一个喜悦，那么我们不听什么爵士乐也未尝不可。

SHELLY MANNE & HIS MEN AT THE BLACK HAWK VOL. 1
(Contemporary M3577)

谢里·曼恩（1920—1984）

生于纽约。白人鼓手的顶峰。三十年代至四十年代在多个乐队演奏。尤其1946—1952年之间作为斯坦·盖茨乐队成员的演奏活动广受瞩目。退出后定居于加利福尼亚。1954年同肖蒂·罗杰斯（Shorty Rogers）组建小乐队，在西海岸爵士乐界掀起爵士乐高潮。也曾在洛杉矶开过爵士乐俱乐部（Shelly's Men Hall）。

朱恩·克里斯蒂(June Christy)

朱恩·克里斯蒂和阿妮塔·奥黛（Anita O'Day）、克莉丝·康娜（Chris Connor）并驾齐驱，同为活跃于一九五〇年代的斯坦·肯顿（Stan Kenton）乐队出身的女歌手，在日本也颇有人气。三人都属于都市型知性沙哑歌喉，轻松精巧地随意运用装饰音（fake），即所谓白人腔唱法。有趣的是，“文体”多少有所不同。当然，“文体”各有所好，不可强求一律。

如果从克里斯蒂若干唱片中挑选一张，那么，即使把“Something Cool”的出色质量考虑在内，作为我也还是要选“DUET”（1955 年录音）。也真是不可思议，唯独这张唱片百听不厌。克里斯蒂唱得固然好，但与之不相上下的是斯坦·

M. Wada 99

肯顿的钢琴演奏。以古典音乐来说，就像 Elisabeth Schwarzkop 在 Gerald Moore 的伴奏下唱舒伯特歌曲时那样深有滋味。两颗自由之心的跳动和碰撞直接化为声响传来耳畔。在钢琴伴奏下唱的爵士歌曲也有几例——例如埃拉和爱丽丝·拉金（Ellis Larkins）、托尼·本内特（Tony Bennett）和比尔·埃文斯（Bill Evans）——而且也全然不差，但比较听来，总觉得其源头底蕴有所不同，不如克里斯蒂和肯顿的合作效果。

克里斯蒂不无“含咬”之感的乐句唱腔，由肯顿的钢琴伴奏绕到后面深深揽入怀中，逐一赋予血肉——绝对是有男人胸襟的钢琴。雄辩，骨子里则沉默寡言；多情，但决不越界。录制这张唱片的时候，斯坦·肯顿四十五岁左右、克里斯蒂三十岁。作为男人女人，双方都正是走向圆熟老到的时候。用心听此唱片收录的九首歌曲，推来拉去、拉去推来那种男女心灵机微带着一种温煦扑面而来。至于克里斯蒂和肯顿当时处于怎样的私人关系，我自是一无所知，但那怎么都无所谓。总之，那

DUET（Capitol T656）

朱恩·克里斯蒂（1925—1990）

生于伊利诺伊州。曾加盟 Boyd Raeburn 等乐队，1945 年继阿妮塔·奥黛之后成为斯坦·肯顿乐队的专属歌手。最初灌制的“Tompico”畅销百万之多，作为知性派歌手深受喜爱。1949 年独立之后也同肯顿合作共同录制了“Duet”和“The Miss Christy”等有名的唱片。同 Pete Rugolo 乐队合作推出的“Something Cool”唱片也广受欢迎。

里有一个浮上眼前的故事。而那样的音乐的确深深留在人的心底。无论演奏技术多么炉火纯青，而若其中没有故事，音乐也不会动人心弦。

以LP构成来说，我喜欢连续听B面五曲。夜深人静，一人独坐，一边斜举着威士忌酒杯，一边听音箱中流淌的"Baby, Baby All the Time"，不由得这样想道：归根结底，时光总要逝去，所有美好的心情都将化为灰烬，无影无踪。我们只能接受这确切无误的现实。可是在某种情况下——某种特殊情况下——它也许把静静的摇颤留在空气中，并且改变形式而在某处悄然得以承袭。每次倾听朱恩·克里斯蒂的歌声和斯坦·肯顿的钢琴，不知何故，我都会这样想。大概那就是故事的力量吧。

金格·莱恩哈特(Django Reinhardt)

我有一部喜欢的影片叫“French Kiss”。凯文·克拉因(Kevin Kline)扮演一个讲法国味英语的奇特的法国人，昏天黑地闹到最后，和一个名叫梅格·莱安(Meg Ryan)的典型的美国女孩子结了婚。电影在皆大欢喜中结束了，片尾字幕打出影片制作人员名字，凯文·克拉因用带鼻音的法语哼唱(只闻其声)“La Mer”。在床上——大概是做爱之后——唱的，哼哼哼地唱。

“那是‘Beyond the Sea’吧？噢，原来歌词都译成法语了！”梅格·莱安在旁边感叹。“跟你说，这是法国歌，本来就是。”凯文·克拉因抗议。“骗人！那是鲍比·达林

（Bobby Darin）的歌，我早都知道。”梅格·莱安不甘示弱。我是在美国的电影院看的。只闻声不见人的对话幽默俏皮，其他观众退场后我也没动，看字幕看到最后。同时非常想听——想听得不得了——金格·莱恩哈特演奏的“La Mer”。

当然，凯文·克拉因说的是对的。“La Mer ”本来就是法国歌。1938 年 Charles Trenet 作曲。鲍比·达林以“Beyond the Sea”为歌名在美国唱红是五十年代中期的事。进入九十年代后，George Benson 也使之一曲走红。因为旋律优美动听，所以改头换面“服役”多少次都可以。尽管如此，通过金格·莱恩哈特和斯蒂芬·格拉佩利（Stephane Grappelli）这对名搭档的演奏把这首歌听上一次，仍会产生“叹为听止”的心情。便是如此荡神销魂、刻骨铭心的演奏。虽说莱恩哈特和格拉佩利的合作演奏无论听哪一首都觉得精彩，但这首“La Mer”从第一次听时——读大学时——就分外鲜明地留在了我的记忆中。

这张“DJANGOLOGY”唱片不是正式录音室录的，而是莱

Wada 99

恩哈特和格拉佩利在一起演出时，一位意大利爵士乐迷安排一场私人音乐会而在那里录制的。所以音质虽不敢恭维，但他们根本不在乎那种不完备的录音条件。结果，类似紧贴当时欧洲地面的空气那样的东西从扩音器中以“直通车”状态不断涌出溢出，充满整个房间。这种逼真性同好坏没有关系，甚至让人觉得这种音乐就该配这样的音质，如此再好不过。

惟独原创性音乐才具有的力透肺腑的激情，“此刻活在这里并且能够如此创作音乐”的发自内心的喜悦——二者以最为自然的形式成为声音的结晶。莱恩哈特此外也留下了许多不同凡响的演奏，但“DJANGOLOGY”中金格（Django）和格拉佩利那近乎滴水不漏的浑融无间而又不失粗犷的配合效果，什么时候听都让人沉迷其中。

DJANGOLOGY（RCA RGP—1186）国产品

金格·莱恩哈特（1910—1953）

生于比利时。作为吉普赛人在漂泊生活中长大。小时候学会小提琴和吉他。1928 年定居于巴黎郊区，其实力开始得到承认。左半身因火烧伤致使两根手指无法使用，但他创造出独特的演奏法克服了这一障碍。1946 年受埃林顿公爵（Duke Ellington）之邀赴美演出，在各地获得好评。他是一位欧洲出生而影响美国的伟大音乐家。作为作曲家亦有名作存世。

奥斯卡·彼得逊(Oscar Peterson)

说直到尾巴尖都充满活力也好什么也好，反正此人精力旺盛。尽管高产，但平均分数高，几乎找不到可以称为败笔的作品。对于奥斯卡·彼得逊的唱片，我搜集倒不是十分热心，但数一下家里由他领衔的专辑唱片，也还是有五十张之多。尽管八十年代他转到 Pablo 之后的东西我没有怎么买。

我开始听爵士乐的时候，爵士乐酒吧受人欢迎的彼得逊唱片大体是“The Trio”、“Night Train”和“West Side Story”之类。都是六十年代前半期技艺圆熟的演奏，无不值得一听。现在听来也充满不迎合一般教养主义的令人神清气爽的感染力。我听得最频繁的，是和“The Trio”同样在 London House 现场

Wada 99

录制的“Something Warm”，就连布局的每一个角落都记得真真切切。火花四溅的快速句节，令人透不过气的重拳出击，激流勇退而展现广阔空间的缓慢叙事曲——无论哪一张都有“大人物”风采，都那么光彩夺目，乃是称为“彼得逊主义”陈列窗也未尝不可的精彩唱片。

只是，这一时期以后的演奏，由于过于完美而使得“饭盛得太满”，以致产生听觉疲劳的情形也是有的。六十年代后半期转入 MPS 之后，这一倾向有过之而无不及。听之，每每想嘟囔一句：“即使不那么完美无缺也可以的嘛！”这和吃砂锅乌冬面吃得食欲减退是同一回事。普通钢琴手随着年龄的增加而艺风变得黯然失色，但彼得逊——惟独彼得逊——不同，他天天上砂锅乌冬，绝无疏漏。

我比较喜欢听 JATP 时代加入吉他的彼得逊三重奏。不能否认，同后期的演奏相比，他在这一时期的声音略欠厚度。尽管如此，他往摇摆——“反正就是摇摆”这一点上倾注的青春

NORMAN GRANZ'JAZZ AT THE PHILHARMONIC VOL.16
(Clef MG—VOL.16)

奥斯卡 · 彼得逊 (1925—2007)

生于蒙特利尔。得到来加拿大演出旅行的诺曼·格兰兹（Norman Granz）的青睐，1949 年成为 JATP 成员来纽约演出，崭露头角。大多在格兰兹旗下组成三重奏演出。初次录制的唱片是同雷·布朗进行的二部合奏。和雷保持了长久而牢固的信赖关系。一度当过钢琴独奏家，从 1973 年开始重返格兰兹的 Pablo 活跃于爵士乐坛。

时代一往无前的激情，也还是直接打动人心的东西。用个奇怪的说法，总好像笼罩着一种将得失置之度外的氛围。乐队协同作战的节奏的力度也同加入鼓手的三重奏时代多少有所区别，感觉上似乎河水从腰部忽悠悠流过。那种独一无二的轻妙感已经从埃德·希古佩（Ed Thigpen）加盟后的鼓乐三重奏中失去。当然，得到的东西也不少——即使把这点作为事实承认下来。

彼得逊仅适于现场录制——纵然从这一观点来说，他在JATP录制的演奏在原则上也都有一听的价值。自家乐队的独立演奏自不必说，即便作为常驻现场钢琴手伴奏时的潜力也非同一般。JATP的独唱歌手有不少已经过了巅峰期，鼓舞并且从后面支撑他们独唱的彼得逊那不遗余力的人力发动机般的努力，就算有时无果而终，但在很多情况下也还是给了前排演出者以有益的刺激性火花。喜欢不喜欢其艺风另当别论，而对于他那种超人功劳，我想应该给予更正当些的评价。毕竟，那么干劲冲天的人已经没有了。

奥奈特·科尔曼(Ornette Coleman)

记得大约是九十年代初，奥奈特·科尔曼率领有自己儿子参加的乐队来过日本，在位于多摩的“读卖”游乐场参加户外音乐会演出。一个星期日的午后，我喝着啤酒悠然自得听他演奏。“奥奈特·科尔曼的音乐竟是这么直率、这么妙趣横生！”如此惊叹之余，多少有些失望。这是因为，我（恐怕和世上大多数人一样）原以为奥奈特的音乐是挑战性的、知性的、基本上难于理解的。

当然，随着年龄的增长磨掉棱角的情况也是有的。何况，同他作为前锋往来驰骋的六十年代相比，世界已大为改观。可是，人性的本质是不至于从根到梢整个换掉的。所以不妨认为，奥奈特的音乐原来就是“这么直率、这么妙趣横生”的（或者希望本来如此）。以这一观点重新倾听他的老唱片，他的音乐开始以相当不同以往的感觉诉诸我的听觉。

过去越南战争持续的时候，新宿一带喷云吐雾的爵士乐酒吧里，许多年轻人皱着眉头，用大音量屏息敛气地倾听从乌黑的 JBL 组合音响中奔涌出来的奥奈特·科尔曼音乐，简直像要从音符的暗号式洪水中抓取重要信息。在当时，听奥奈特·科尔曼这一行为，和读大江健三郎、看帕索里尼的电影一样，都有一种特殊感触，意义早已输入同对方接触的程序中。

不过，那种激情燃烧的时代已然过去，爵士乐的状况也发生了巨大变化，人们侧耳倾听奥奈特·科尔曼音乐的场景也明显减少了。无论对于奥奈特还是对于我，老实说，这或许都是值得庆幸的事。至少说明我们已经摆脱时代的紧箍咒，可以纯粹欣赏其中的音乐了。在这个晴朗的下午，我在九十年代健康之风的吹拂下听着现在的音乐，倏然作此感想。

M. Wada 99

奥奈特的作品中，以当下眼光来看，包括名曲“Lonely Woman”在内的“The Shape of Jazz to Come”（Atlantic）应该是形式最整齐也最出色的唱片。不过我个人还是中意“Town Hall”（ESP）。尽管演奏多有牵强之处，但其中流淌着一条能够奇异地让心情镇静下来的巨流。而且，纷至沓来的奥奈特独有的音块之中含有查理·帕克真正革新的——同时自然而然的——灵魂影子那样的元素。认识到这一点，让我一下子喜不自胜。而我对帕克风格的无数信奉者的演奏却很少产生这样的感觉。

Town Hall 1962（ESP—DISK 1006）

奥奈特 · 科尔曼 (1930—2015)

生于得克萨斯州。一位时常掀起毁誉参半评论的爵士乐革命家。大体通过自学掌握了次中音萨克斯管。五十年代在洛杉矶致力于各种各样的实验性音乐演出。最初的主奏唱片是 1958 年的“Something Else！”在赏识这张唱片的约翰 · 刘易斯的推动下录制的“The Shape of Jazz to Come”震撼了全世界。他确立了自己独特的和声理论，被称为自由爵士乐的始祖。

李・摩根(Lee Morgan)

梦幻一般亮丽而悠长的声调、从不瞻前顾后的与生俱来的旺盛生命力——李·摩根始终如一是爵士乐酒吧的宠儿。他或许不是大大改绘爵士乐地图的巨人演奏家，但是，假如没有李·摩根这位小号手出现，那么不难想像，五十年代后半期至六十年代的爵士乐风景难免一片凄清，彩色涂料至少要比现在少用一汤匙。

克里福德·布朗这位巨星陨落之后，李·摩根就好像填补爵士乐景观空白似的，作为十八岁天才少年闪亮登场，而在仅仅三十四岁就被爱人枪杀，死于非命，正可谓稍纵即逝（deadly quick）。也许出于这个原因，他留下的演奏每每荡漾着“永远

Wada 99

的奇迹少年”那样的清新氛围。无论听哪一张都魅力四射，充满水到渠成的愉悦感，而又如天风海涛呼啸而过。正因如此，众多爵士乐迷都不由分说地喜欢他的演奏。

李·摩根是作为近乎完美的小号手出场的，尽管某一时期有些许迷惘出现在小号声中，但总的说来他经常站在时代前列，乘风破浪，主动追求不同流俗的新颖与热烈。他同Grachan Mooncur Ⅲ、Billy Harper和Bennie Maupin等年轻人一起灌制的后期唱片，甚至神奇地氤氲着折衷性的前卫情调。尽管如此，直到最后的最后，他的音乐都没给人以成熟的印象。

品听他的音乐，虽然最初为其速度和控制的恰如其分而忘乎所以，但静心细听，很快就会有“且慢等等”这样的部分出现。“球体”的轻薄逐渐扑来耳畔。而且，在越过某一临界点之后，对于李·摩根这位演奏家就不能不感觉出某种程度的失望。一如迈尔斯·戴维斯和克里福德·布朗，他的音乐也并非无论怎么听都滋味不淡那样的东西，遗憾固然遗憾。

THE SIDEWINDER（Blue Note BST—84157）

李 · 摩根 (1938—1972)

生于费城。十五岁率领自己的乐队以“天才少年”为人瞩目。1956 年加盟 Dizzy Gillespie 乐队，十八岁出版第一张由他领衔录制的专辑“Introducing Lee Morgan”。1958 年参加阿特 · 布雷基（Art Blakey）的爵士信使（Jazz Messengers）乐队，以放克爵士乐式吹奏法赢得人气。一度短期休养，六十年代东山再起。自 1967 年开始以自己的四重奏乐队继续活动。

不过，这张“THE SIDEWINDER”唱片，无论当时多么奔放洒脱，而若非呼吸过六十年代空气的人，恐怕也很难心领神会。“THE SIDEWINDER”是从那个时代炽热粗野的空气中降生的“逆子”音乐。每次听到，每次把印有黑白图片的唱片套拿在手中，当时的空气便劈头压来，热浪灼人。至于演奏的密度，若想吹毛求疵，无论多少疵都可找出。可是，那种一气流注的粗犷，则是完全无可替代的。

说起来，李·摩根是爵士乐坛的比利小子（Bille the Kid）。他至少留下了一个传说。谁都没有他出手快。

吉米·拉辛(Jimmy Rushing)

从堪萨斯市时期开始，吉米·拉辛长年担任贝西伯爵（Count Basie）乐队的领军人物（之一）。独立后请了几位专属歌手。其中，乔·威廉斯（Joe Williams）最有实力也最有名。然而即使他也永远给人以“年轻替身”那样的印象。诚然令人不忍，但吉米·拉辛的存在感就是如此之大。相对说来，我更中意 Mat Dennis、Bobby Troup 等“清淡派”男歌手，而对拉辛这样的“油腻派”平时不怎么用心听。尽管如此，毕竟拉辛的演唱有一种仿佛超越好恶的普适性诉求力，一旦听过，也还是不由得心悦诚服。

随手翻阅写他的文章，得知此人个性相当强，好像是个有问题（仅仅有问题）的老伯。不过也罢，假如没有相应的个性，恐怕也很难唱出能量这么大的歌。在扩音器性能还不稳定的时代，不得不用近乎暴力的大能量来同乐队在舞台争夺音量，而他恰恰有这样一种不服输的骨气，即使同是蓝调倾向歌手，像乔·威廉斯这样较为潇洒、具有都市感性的新一代歌手，也因为没有“堪萨斯老伯的大能量唱腔”那样的气魄（普通人不至于有）而无法与之同台较量。

不管听哪一时期的唱片，拉辛都只是拉辛，始终让人听他那独一无二（one and only）气贯长虹的歌喉。不过，到底还是在最了解他脾性的贝西乐队元老成员的伴奏下他才能摇摆得淋漓尽致。声音的底部有一种浑然无感的深厚感，仿佛说“这地方每一个角落我都了然于心”。那里分明漂荡着撩人情怀的爽快利落的堪萨斯市风气，承认也罢不承认也罢。

离开贝西乐队独立后的专辑唱片中，我喜爱的有《爵士奥德赛》（Jazz Odysse）和这张“LITTLE JIMMY RUSHING AND

.Wada 99

THE BIG BRASS”等哥伦比亚唱片公司出品的唱片。尤其后者，阵容十分了得：有贝西同期伙伴科曼·霍金斯（Coleman Hawkins）、维克·迪肯逊（Vic Dickenson）出场，足以令人欣赏到行云流水般的摇摆感。进入五十年代后半期，拉辛的歌喉到底不容易找出其巅峰期的延展性了。而另一方面，这使得他开始稳扎稳打，以说服力战而胜之。一如相声演员虽然说话速度和力度略有衰退，但对世道人心的把握更出彩了。在这个意义上，拉辛至死都是斗志昂扬的“现役军人”，从不回头回脑。以个头矮广为人知，唯独士气不亚于任何人。或许，对他来说，与其屈居人后，还不如像童话里的小矮人“爱生气”那样捶胸顿足地气死了之。

倾听Nat Pierce编曲的“June Night”和Buck Clayton编曲的“Jimmy's Blues”，即使不就爵士乐喋喋不休也足以让人感受其激越和豪迈的那个时代空气开始复苏过来，令人一点点陶醉其中。

LITTLE JIMMY RUSHING AND THE BIG BRASS
(Columbia CS—8060)

吉米·拉辛 (1902—1972)

生于俄克拉何马城。生长于音乐之家。1923 年开始在夜总会唱歌，加入过若干乐队。1935 年成为贝西伯爵乐队的专属歌手。其裂石穿云的音量和醇厚的歌韵对乐队的人气卓有贡献。1950 年自立门户，亲自率领七重奏乐队，作为独唱歌手以“Savoy Ballroom”为中心挥洒歌声。代表作有《爵士奥德赛》和“Last Album”等。

鲍比·蒂蒙斯（Bobby Timmons）

鲍比·蒂蒙斯虽然自己名下有几张好听的钢琴三重奏唱片，但从音乐性刺激这点来说，六十年代前后在阿特·布雷基（Art Blakey）主宰的爵士信使（Jazz Messengers）负责旋律部时的演奏堪称出类拔萃。作为钢琴手，较之主奏，有不少人在伴奏时更能放飞想象力，而蒂蒙斯大约即是其中一人。加盟爵士信使乐队时的他没有一丝一毫的疑惑，同李·摩根（Lee Morgan）、本尼·戈尔逊（Benny Golson）等志同道合的年轻同乡一起演奏了淋漓畅快的爵士乐。

离开爵士信使乐队之后，有一时期加盟加农炮（Cannonball）的乐队，无数畅销曲从他手下飞出，作为“放

Wada 99

克爵士乐”钢琴手不折不扣地风靡一世。不料，当挂出自家招牌演奏三重奏时，好听诚然好听，但由于音乐框架早已设定，以致演奏缺乏进一步的延展性，听起来有些乏味。本人也好像感觉出了这样的局限，在放克爵士乐热潮退去，比尔·埃文斯（Bill Evans）和赫比·汉考克（Herbie Hancock）等新一代钢琴手进军爵士乐坛挑大梁之后，他逐渐沉溺于酒精，演奏也出格离谱，最后沦为土头土脑的平庸钢琴手。

目睹美满地完成音乐天寿的音乐家——例如艾灵顿公爵和路易斯·阿姆斯特朗（Louis Armstrong）——委实是赏心悦目的事。可是，在这个疲于奔命、瞬息万变的爵士乐世界里，这样的例子莫如说是例外。更多的人的音乐光彩往往为时短暂，人生充满磨难。仅有几个的恒星之光和流星那稍纵即逝的奇光异彩交相辉映，使得作为整体的爵士乐坛清晰而迷人地在那里闪现出来。

不管怎样，鲍比·蒂蒙斯这位由于短短几年绚丽夺目的演

A NIGHT IN TUNISIA
ART BLAKEY & THE JAZZ MESSENGERS（Blue Note BST—84049）

鲍比·蒂蒙斯（1935—1974）

生于费城。是将 Gospel（福音）融入爵士乐的作曲家、钢琴手。祖父是牧师，自小得以亲近教会音乐，为日后作曲打下基础。1955 年开始专业生涯。1958 年加盟阿特·布雷基的爵士信使乐队所创作的“Moanin”大为走红。1959 年加入加农炮艾德礼的四重奏乐队，发表“This Here”。自 1961 年开始组建自己的乐队。

奏纪录而成为爵士迷心目中永远的记忆，而那当然应该称为出色的成就。无论拥有这种成就的他本人的人生在结果上沦落到何种地步。

蒂蒙斯作为作曲家也非同寻常。他创作的“This Here”、“Dat Dare”和“Moanin”等乐曲黑乎乎富有放克魅力，和同行本尼·戈尔逊创作的许多充满忧愁的乐曲相反，含有奇异的韵味和爽净的幽默感。我尤为欣赏的是“So Tired”，收录在阿特·布雷基（Art Blakey）的专辑“A Night in Tunisia”之中，任何时候听都为之激动不已。

青山的“Bar Radio”酒吧有一种独创鸡尾酒叫“So Tired”，灵感来自这个曲名。具体成分是杜松子酒、伏特加和健力士啤酒的混合。劳累一天的夜晚，在吧台喝上一杯，顿时让我浑身舒坦，精神为之一振。

吉恩·克鲁帕(Gene Krupa)

听得吉恩·克鲁帕这个名字，脑海里马上浮现出他在本尼·古德曼乐团演奏的“Sing Sing Sing”独奏曲，心情上不禁想说一句“请饶了我吧”。不过细听他在古德曼全盛时代留下的唱片，得知那种哗众取宠的鼓声莫如说是例外情况，平日的克鲁帕作为节奏部的一员始终一丝不苟，坚守工匠式演奏。

尤其同泰迪·威尔逊、古德曼合作组成的三重奏以及加入Lionel Hampton的四重奏中，他自始至终为没有贝司的乐队负责奠定流畅而坚定的台基。实际上他的鼓声也十分胜任。虽然从他敲击的“微笑鼓点”中很难找出摇撼心魄般的深沉的动感（groovy），但他把当时黑人鼓手们带有泥土味儿（eathy）的摇摆翻译成了白人听众容易接受的形式——他的这一概念是切实可行而又富于进取精神的，甚至是知性的。他的耳朵的功能之好、神经的细致入微尤其超群出众。这些优秀的特征基本规定了后起白人鼓手的风范。

威尔逊、汉普顿等新锐黑人音乐家、一心享受小乐队中那自由自在即兴创作乐趣的大腕古德曼——站在二者之间将作为白人乐队（基本是芝加哥爵士乐）的锚抛往所定位置而又控制它不向别处移动，能做到这点的到底只有克鲁帕循规蹈矩的鼓点，那是不妨称之为音乐中枢的鼓点。华丽的鼓独奏使他声名鹊起，但那终究不过是作为节奏制造者的克鲁帕的价值的一部分罢了。问题是，古德曼时代的这种华丽印象成了烙印，在他独立之后也长期拖住他不放。

当然，如果想听克鲁帕作为鼓手时的代表性演奏，三十年代古德曼时代的唱片固然是稳妥的选择，不过他离开古德曼乐队后组织的大乐队也足够新鲜，值得一听。尤其 1946 年至

.Wada 99

1947年启用当时年方十九的盖瑞·穆里根灌制的“How High The Moon”和“Pisl Jocky Jump”等畅销乐曲，其中甚至荡漾着隐约的波普（Bop）芬芳，今天听来也十分引人入胜。鼓声也毫不含糊地激励着乐队。十二年后，克鲁帕直接使用穆里根留下的畅销乐曲由Verve公司重新推出，作为同类策划，到底让人惊喜。虽然原始演奏的豪放消失了，但Eddy Byrd、Kai Winding、Phil Woods等新一代音乐家为老曲谱恰到好处地吹入了新声。穆里根本身也很认可：“老东西了，当时自己的风格也还没有形成，得知这个策划时担心多此一举，但听起来相当不错！”不过作为乐队指挥的克鲁帕的度量或者冒险精神也再度让人心生敬意——启用十九岁的无名音乐家，相信他的才华，把乐队的编曲任务整个托付给他。

GENE KRUPA PLAYS GERRY MULLIGAN ARRANGEMENTS
(Verve MGV—8292)

吉恩·克鲁帕 (1909—1973)

生于芝加哥。摇摆黄金时代的代表性白人鼓手。自小向往黑人爵士乐，自学鼓艺。在芝加哥和纽约不断钻研。1934 年至 1938 年间加盟本尼·古德曼乐队，赢得人气。退出后组建自己的乐队和三重奏，或者加入 Tommy Dorsey 乐队在各地演奏。因患心脏病而一度中止活动，1970 年复出，鼓点一直敲到临终。

赫比·汉考克(Herbie Hancock)

六十年代后半期爵士乐处于“汤汁熬干”的状态，这张《处女航程》(Maiden Voyage)漂亮的唱片封套和积极、清新的声响，在我们这些年轻的爵士乐迷心中留下了十分鲜明的印象。感觉就好像长期门窗紧闭的房子的窗扇被某人的手豁然拉开一样。

汉考克始终一贯活跃在爵士乐的最前线，发表了无数时而引领时代的优秀作品。不过，若说其中哪一个超过了LP《处女航程》发表当时带来的鲜活气息，则感觉上似乎没有。冠其大名的数量庞大的唱片行销于世，至于想哪一张长久留在身边，老实说，几乎一张也找不出。

Wada 99

我认为，汉考克并非平地起高楼的音乐家，而是积极考察每一时期的风潮而巧妙转换为个人风格的音乐家。他虽然大体是积极向上和倾向于革新的，但决非身先士卒、发挥光源作用的人。因此，在迈尔斯·戴维斯引力圈内的时间里，他能够从正面呼应迈尔斯发散的强烈的革新性，时而与之对抗，演奏光芒四射，万众瞩目。然而随着太阳热量的不断衰减，汉考克音乐的方向也逐渐散漫起来。纵使演奏本身质量很高，但作为格局也点点处处显得捉襟见肘，使人只顾注意他的毛病。

噢，尽写批判性的东西了。其实蓝音时代的汉考克那生机蓬勃、引领时尚的演奏，至今听来也毫不褪色，再次告诉我们他是具有得天独厚的纤柔感觉和才华的头等音乐家。对于他那也应该是幸福岁月——毕竟，只要把自己心中鼓涌的音乐直接变成声音即可。想必，音乐如泉水一般汩汩而出。品听《处女航程》，那种乐园般的光景宛然在目。

当时的迈尔斯·戴维斯四重奏乐队的情况是，重镇迈尔斯

MAIDEN VOYAGE（Blue Note BST—84195）

赫比 · 汉考克 (1940—)

生于芝加哥。1963 年至 1968 年加入迈尔斯 · 戴维斯乐队，同时组建自己的六重奏乐队攻城略地。《处女航程》为其处女作。离开迈尔斯后致力于电声乐器的演奏。1973 年以电子合成乐器弹奏的“Head Hunders”大为畅销。成为七十年代后期风行的跨界爵士乐(Crossove Jazz)的先驱。可以说，他是一位经常意识“时代风潮”开展音乐活动并因此为人瞩目的音乐家。

和韦恩·肖特（Wayne Shorter）从中离开，年轻人弗雷迪·赫伯特（Freddie Hubbard）和乔治·科尔曼（George Coleman）加入进去。其节奏三重奏因之变得舒展自如、轻盈欢快。每一个音都充满温情、欣喜和自信。无论汉考克还是周围的音乐家们都正年轻，还没有什么东西可以损失，前程风光无限。

每次听这张唱片都想起当时的爵士乐酒吧的情景。说到底，我们是在心底期盼有人伸手将窗扇大大打开。但偏偏打不开。后来开倒是开了，可外面又是一堵墙，仅此而已——这种情况也为数不少。不过，这张《处女航程》在某种意义上是真正的唱片。他们打开的窗扇是真正的窗扇，进入房间的是真正的空气。这样的音乐有时还是有的。它如同我们在人生途中邂逅的美人，永远在我们心中顾盼生辉。

莱奥纳尔·汉普顿(Lionel Hampton)

出道还为时不久的时候，盖瑞·巴顿（Gary Burton）批判过作为颤音琴演奏者当时处于顶峰的米尔特·杰克逊，受到众人围攻。“那时我切身体验到了一点：既成体制是不可以随便批判的”——日后他带有几分苦涩的表情说道。

那位米尔特·杰克逊崭露头角的时候，作为颤音琴手君临爵士乐坛的就是莱奥纳尔·汉普顿。或者莫如说，将颤音琴这一乐器带进爵士乐并确立基本弹奏法的就是汉普顿，他已成为神一般的存在。米尔特·杰克逊必须摧毁这位巨人前辈的风格，明确提出自己的音乐语汇。结果，波普运动和MJQ（现代爵士乐四重奏）这种载体就成了有效的武器。

如此想来，汉普顿→杰克逊→巴顿这三位颤音琴手风格的历史推移，比之其它乐器缓慢而群体性、大潮式的承继过程，其个人间的色彩对比和纠葛就十分明显。或许，因为它是演奏者数量绝对少的小种类乐器，所以“一人一党”色彩很浓，不得不每每伴有孤独的紧张感。惟其如此，我才对颤音琴这种乐器一向情有独钟。

尽管汉普顿战前摇摆乐队时代大胆泼辣的演奏受到好评，但战后好像基本不被评论家当一回事：“他不就是唱歌嘛！”“做广告做过火了！”作为个人，我喜欢由 Norman Granz 的 Clef = Norgran 录制的小乐队的系列演奏——伴奏是奥斯卡·彼得逊、雷·布朗、巴迪·里奇等往日 Granz 乐队的“只管来”节奏部——我时不时把它放在唱机转盘上，可是这类东西很少成为世人的话题。

不错，这一时期的汉普顿音乐已经失去了革新性那样的东西，听什么都大同小异。说是“温吞水”也的确如此。可是，

M. Wada 99

将作为打击乐器的颤音琴的固有特性大刀阔斧推向阵前的汉普顿演奏风格，还是相当令人敬佩和听起来舒服的。在欣赏中间派爵士乐演奏效果这点上——仅仅在这点上——完全值得一听。温吞水或许是的，但并没堕落到怀古地步，也没有媚俗之处，而总是拥有一个首尾兼顾的声明。对此未尝不可以用有别于保守或革新的另一角度予以评价。与时代同步横尸荒野、风化消失的大量的所谓“革新性”，又有多大的当下意义呢？

倘若以好听为着眼点，我最中意的是Impulse出品的“You Better Know It!!! ”。1964年录制的，有克拉克·泰利（Clark Terry）、本·韦伯斯特（Ben Webster）等老将坐镇，得以久违地忘情摇摆一番。汉克·琼斯（Hank Jones）也表现不俗。演奏质量高，生龙活虎，完全没有回头感觉，不可思议。这种类似“有底气的大人游戏”的唱片如今已经很难找见了。的确蛮好的哟，开心一刻。

YOU BETTER KNOW IT !!!（Impulse A—78）

莱奥纳尔 · 汉普顿 (1908—2002)

生于肯塔基州。将颤音琴确立为爵士乐独奏乐器的功勋者。历经若干乐队后，由本尼·古德曼四重奏迎入队中。自 1936 年开始，效力四年，名声大振。也曾在古德曼的大乐队担任鼓手。后来在加利福尼亚如愿以偿有了自己的大乐队。1942 年以次中音萨克斯管手 Illinois Jacquet 为亮点推出的“Flying Home”大受欢迎。

赫比·曼(Herbie Mann)

严肃的爵士乐迷当中有个定评："认真追求爵士乐的五十年代的赫比·曼虽然不坏，但他在六十年代后半期商业上取得成功之后，音乐就浅薄乏味了。"可我宁愿断言：赫比是爵士乐迷的"地下世界"（underground）！所以不大想认同那种主流派说法。Larry Coryell 和 Sonny Sharrock 浓烈醇厚的双吉他，那可是够酷的哟!

长笛这种乐器进入即兴演奏会，无论如何都敌不住其他管乐器。音域窄，加之原本就是可有可无的乐器，所以专门吹长笛的音乐家如果想在爵士乐坛活下去，就要有音乐性招法，就必须动脑筋才行。在这个意义上，只靠一支长笛取得商业上的

Wada 2000

成功，难道不是相当了不起的吗？我是乖乖承认这一点的，莫非不是这样？

进入六十年代，赫比·曼闯入拉丁音乐和波萨诺瓦，“Comin Home Baby”因之走红。后来又大胆引进（就当时来说）电子摇滚，使之在“Memphis Underground”中落地生根。同一时间里，从非洲音乐到日本雅乐，他都贪婪地跃跃欲试，付出了许多辛劳。并非来一句“那好，就走商业主义路线好了”而在半个月就大获成功的。况且，假如赫比·曼在六十年代不出几张畅销唱片，那么长笛很可能像单簧管那样沦为落后于时代的乐器，或者在爵士乐坛被束之高阁。但是，由于赫比南征北战，众多年轻人从中看出新的可能性，从而使长笛一时成为大家喜闻乐道的乐器。就连我（村上）也买了支长笛在教室进进出出，虽说没有成器。

除了“Memphis Underground”，我个人中意的赫比·曼的专辑唱片有这张“WINDOWS OPENED”。伴奏是当时的正规

WINDOWS OPENED（Atlantic SD1507）

赫比·曼 (1930—2003)

生于纽约布鲁克林。五十年代参加手风琴演奏者 Mat Mathews 的乐队时，考虑到音色的平衡而由次中音萨克斯管转吹长笛。1959 年组建 Afro Jazz Sextet 赴非洲旅行演出。1961 年访问巴西，率先采用当时流行的波萨诺瓦。这种突破爵士乐框架的演奏深受瞩目。1962 年，“Comin’ Home Boby”风行一时。

节奏部阵容：Roy Ayers 的颤音琴、Miroslav Vitous 的贝司、Sonny Sharrock 的吉他、Bruno Carr 的鼓。他们提供了强大的后方支援。气势磅礴，标新立异，生机蓬勃，义无反顾，几乎自作多情自娱自乐。主奏者在此基础上劲吹不止。赫比·曼的演奏风格，虽然并不特别出彩，但面对那种乐队的安排方式，此人真是得心应手。

所选乐曲也不局限于当时流行的东西，而积极选入韦恩·肖特（Wayne Shorter）和查尔斯·特里弗（Charles Tolliver）等新主流派音乐，让人一饱耳福。尤其 Miroslav Vitous 的贝司声，至今听来也觉得耳目一新虎虎生威。本真爵士乐也好商业爵士乐也罢，依我之见，怎么都无所谓，好听、耐听也什么不可以？

霍吉·卡迈克（Hoagy Carmichael）

过去我就相当喜欢自己作曲自己演唱的歌手。比如 Mat Dennis、Bobby Tolup、Johuny Mercer 和这位霍吉·卡迈克，我都很喜欢听。决不是说他们声音优美、技艺高超，但有一种东西把听的人的心扉大敞四开——这是他们歌唱的共通之处。“唱得不那么好也无所谓，只要一吐为快就行了嘛！”或者是这种自然敞开心胸的姿态让我动心也未可知。而且，恰到好处的“含羞”表现也令人心生好感。我听鲍勃·迪伦（Bob Dylan）和保罗·西蒙（Poul Simon）以吉他弹唱录制的示范用磁带时也有同样的感觉。

卡迈克在二十年代一边在印第安纳大学专攻法学一边率领

大学爵士乐队演奏，但在偶然遇到来印第安纳大学做旅行演出的比克斯·贝德拜克（Bix Beiderbecke）之后，两人完全情投意合，于是他放弃学业，索性当了专业音乐人。天才比克斯选择的是不惜粉骨碎身的毁灭性（而且诱惑性）的人生道路，涉世未深的学生哥儿霍吉当自己直接目睹那种光芒四射的“生命状态”时，难免佩服得五体投地。常有的事，倒也情有可原。一眼瞧见那么厉害的人物，大学功课自然没心思学下去了。但另一方面，美国音乐也因此才能产生“Standust”和“Georgia On My Mind”等若干惊世名曲。

一听即可知晓，霍吉·卡迈克这个人身上总好像有一种“永远的隐居者”气氛。想必是因为有乐曲版税进来的关系吧，还年轻时就从第一线退下，不再拼命工作，在好莱坞定居下来，或去看电影，或在夜总会弹着钢琴唱歌，还写了两本自传，作为《小星群》（Stardust）的作者，卡迈克过着悠然自得的名士生活。教养好，性格也并非“强加于人”那一类型。也

M. Wada 99

就是说，度过的是同比克斯正相反的人生。不过那样的人生或许也蛮不错。

六十年代初，在电视节目“Laramie 牧场”扮演老头儿角色，在日本也有名起来。来过一次日本，碰巧看见电视上“The Peanuts”在唱《小星群》（《肥皂泡假日》片尾曲）。听说他被两个小女孩唱自己歌曲时那毅然决然的样子所感动，特意去后台看了她们。

卡迈克有几张自己作曲自己弹唱的录音，我最欣赏的是这张 V—DISC 唱片收录的《六月的孟菲斯》。没有加入其他乐器，一边自己弹着钢琴伴奏，一边有滋有味地深情歌唱（口哨也吹来着）。其为人直接从歌声中渗出。虽然《小星群》只有钢琴演奏而没有歌唱，但也足够精彩。

V—DISC CATS PARTY/VOLUME ONE FEATURING HOAGY CARMICHAEL etc.
(Elec Kv—115) 国产品

霍吉・卡迈克 (1899—1981)

生于印第安纳州。二十年代同路易斯・阿姆斯特朗、比克斯・贝德拜克、Tommy Dorsey 等人一起演出。三十年代担任乐队指挥，率领全明星（All Star）乐队为 RCA 留下录音。三十年代中期开始，更多的工作是创作歌曲。作为电视、广播电台和电影界的音乐节目主持人也很能干。代表作有成为经典的《小星群》（Stardust）。1961 年负责电影《哈泰利》（Hatari）的音乐。

托尼·贝内特(Tony Bennett)

谁能坐上“后弗兰克·西纳特拉”（Post Frank Sinatra）的宝座？许多男歌手为此长年角逐。Bobby Darin、Perry Como、Buddy Greco、Vic Damone、Johnny Mathis……可是任何人都好像高不成低不就，都没有作为“大型正统派男性歌手”而成大器。星移斗转，大浪淘沙，只有托尼·贝内特如未被冲走的倔强的船屋剩留下来。尽管韵味同西纳特拉有很大不同，但在实力上毕竟仅他一人胜出。只是，也是因为西纳特拉本身长寿，直到临终都登台演唱，所以“后西纳特拉”这一位置并不具有实际意义。何况他驾崩之后，西纳特拉式存在的需求本身也随之烟消云散。莫非托尼·贝内特在这个意义上成为“最

Wada 97

后的大型正统派男性歌手”了不成?

贝内特爵士乐造诣很深，较之西纳特拉基本和大乐队一起活动，他则喜欢和小型爵士乐队搭档。弹一手情趣优雅而淡泊的好钢琴的英国出身的 Ralph Sharon 合他心意，尽管一度中断，但从 1954 年直到最后都请其担任伴奏钢琴手兼编曲。此外也同许许多多优秀的音乐家同场演出，留下散发着爵士乐芳香的专辑唱片。西纳特拉是大乐队时代的宠儿，而相比之下，贝内特则是接受波普洗礼的小乐队时代的歌手。

不过，若说西纳特拉和贝内特相比，哪一位更接近爵士乐的精髓，那么还应该是西纳特拉。这是因为，无论怎么凝神细听，从贝内特的歌唱中都找不到狂热、自我矛盾、挫折感、恶意、偏执、崩溃的阴影。声音过于优美，音量过于饱满，断句过于清晰，情感过于直率充沛。若问哪一点不合适，实在很难回答。而且也并非不合适。说到底，他是爵士歌手抑或不是，对于世间大多数人来说怎么都无所谓。

THE TONY BENNETT SONG BOOK
THE RALPH SHARON TRIO（Columbia CL—2413）

托尼·贝内特 (1926—　)

生于纽约皇后区。与弗兰克·西纳特拉同时代的流行歌手。原想从事商业美术，却因战时在部队唱歌受到好评而成为专业歌手。后来受到鲍勃·霍普的赏识，在各地巡回演出时同 CBC 签约。1951 年因“Because of You”一曲走红而成为明星。1962 年以“In San Francisco”奠定了无可撼动的地位。也曾同比尔·埃文斯、贝西伯爵同台演出。

在夜总会听过托尼·贝内特现场演唱的人，据说无不交口称赞，夸他人品好台风好歌声好。那想必是的。贝内特那浑然天就、舒展自如的歌唱会把我们带去只有他能带去的场所，那温暖的歌声会把我们温暖到只有他能温暖的温度。那是歌手一项十分难能可贵的才华和成就。可是，如果让我二者挑一，我恐怕还是要挑西纳特拉所具有的某种倦怠。那并非托尼·贝内特的问题，莫如说是我本身倦怠的问题。

如此这般，在这里恕我舍掉贝内特的歌，而举出一张由钢琴伴奏者 Ralph Sharon 以常规三重奏演奏的托尼·贝内特所创歌曲的专辑唱片。每次听它，我都惬意非凡，感觉有一种融洽的气氛，就好像贝内特在夜总会稍事休息，放下麦克风走下台来，Sharon 则在那时哗一下子弹出流水音。即使没有贝内特，“贝内特度”也很高。当然，“I Left Heart in San Francisco”也是必不可少的。

埃迪·康登(Eddie Condon)

爵士乐史因其拥有无数奇人怪人而粲然生辉，而埃迪·康登无疑跻身其中。此君虽是超级大酒桶，但总是衣着整洁，而且彬彬有礼，面无表情，具有爽净的幽默感。演奏四弦吉他这一罕见的奇妙乐器，从不独奏。他不认可二战后出现的所有音乐风格，经营专属自己的俱乐部，终生演奏一丝不苟的传统爵士乐（Dixieland Jazz）。

至于当今世上存在多少埃迪·康登音乐迷，我自是不晓得，但为数不很多是可以肯定的。不说别的，能蒙着眼睛猜中他的吉他演奏的人，即使有也应该微乎其微。他是针对音乐家演奏的，想必节奏精确而富有爵士精神。但他本人似乎顽固不化，一心想要淹没自己而融入背景之中，所以无论怎么侧耳倾听都很难听出其演奏的特征。好一个怪人。

康登名下的唱片中，我喜欢这张“BIXIELAND”（收录比克斯·贝德拜克的歌曲）。演奏固然精彩，但康登自己写的唱片解说词也令人十分开心。例如关于成员的介绍中写出 Bud Freeman 的名字。乐器则写作 utter silence，即“鸦雀无声”。“实际上 Bud Freeman 当天不在，那时他被‘流放’到别处去了。尽管这样，看见他的名字印在唱片套上也还是感到高兴。尤其对 Bud 本人来说。”

还有，上面写到，当天录音室有一位名叫 Chivas Regal 的牧师在场，他带来了融洽的气氛，受到大家热烈欢迎。不用说，“大家喝着苏格兰威士忌演奏来着”。

人们熟悉的名人名手照例被安排到关键位置，驾轻就熟的高质量演奏一路畅通无阻。康登先生作为录音主宰者完全无懈可击。不仅如此，他还使得演奏的所有音符都充满全体人员

Wada 2000

对于比克斯深深的敬爱之情。那种亲密无间的气氛给听的人以温馨的感染。

严肃对待比克斯音乐的人也许要对这张唱片的演奏说三道四。因为从中很难找出比克斯某种穷途末路的无奈。他们可能说“简直乐翻天了”。康登对此也在某种程度上承认。“我们并非要模仿比克斯，”他说，“音乐家们只是为缅怀比克斯而聚在一起演奏和欣赏他的音乐的。”

“反正我没有向谁低头道歉的心情，即使面对 Chivas Regal 牧师也同样。”康登先生表示。或许，我们也应该借这位牧师的帮助，别刁难人家，只管好好欣赏这里的音乐就是。

BIXIELAND（Columbia CL 719）

埃迪·康登（1904—1973）

生于印第安纳州。十七岁作为班卓琴演奏者开始专业演出。在二十年代的芝加哥作为年轻音乐家的领军人物留下被称为“芝加哥风格”的名奏。1928 年赴纽约，开始弹吉他和作曲，促使电视直播市政厅演奏会，作为精明强干的活动主办者也获得了成功。1945 年创办自己的俱乐部。1948 年拥有自己的电视节目，在更广阔的领域纵横驰骋。

雅吉与洛伊(Jackie & Roy)

雅吉·凯茵与洛伊·卡罗（Jackie Cain & Roy Kral）作为稀世美女和才子的组合风靡一时。两人创造出了具有精微、流畅的透明感和充满爵士乐精神的都市音乐。同黑人性质的、忧伤的黏滞感无关无缘，也恐怕很难从中觅出苦恼和心灵阴翳。可是两人的音乐具有只有两人才有的毋庸置疑的原创性，具有恨不得捧在手心的水灵灵的生命感。

我喜欢听爵士乐合唱，雅吉与洛伊的唱片差不多都有，哪一张都百听不厌。反正就是唱得好听（雅吉自然优美的歌喉尤其令人销魂），技巧也绰绰有余。洛伊的编曲也恰到好处……这么着，两人的作品无不值得一听，基本找不到让人歪头心想

Wada 2000

“这个可是有点儿不怎么样”那样的演唱。四十年代后半期在Charlie Ventura乐队时代那生机勃勃、自由奔放的波普唱腔令人难以割舍，由哥伦比亚唱片公司录制的时尚而洗炼的歌唱听起来也绝对舒心惬意。

不过，如果叫我任选一张，我要选五十年代后半期两人在Storyville唱片公司留下的二张一套的LP录音。婚后，两人离开Ventura乐队，组建合唱团，百分之百是那个充满活力时代的记录。在那里边，天真烂漫与音乐上的成熟浑融一体，质量高端而又轻松随和——一种给大人听的音乐。

这张“Storyville Presents Jackie and Roy”10英寸唱片收录了八首歌曲，由Joe Morello的鼓和Bill Crow的贝司伴奏。当时（1955年）两人是每晚在纽约“Hickory House”演出的Marian Mcpartland三重奏乐队的正式成员。洛伊听其演奏听得入迷，百般央求对方帮忙，把乐队领来录音室。洛伊自己弹钢琴，名手Barry Galbraith照例弹奏工匠味的古雅的吉他。没有管乐。

STORYVILLE PRESENTS JACKIE AND ROY
（Storyville LP322 10inch）

雅吉与洛伊

1928 年生于威斯康星州的雅吉和 1921 年生于芝加哥的洛伊的声乐二重唱。1946 年两人在芝加哥相遇后参加 Charlie Ventura 乐队。以配合默契的轻快的二重唱获得人气。1948 年结婚，1949 年组成雅吉与洛伊合唱团，于公于私都是一对鸳鸯档。代表作有“Jackie & Roy”、“The Glory of Love”等等。

这个节奏部的确非同一般。就像很早以前就开始合作似的，完全心照不宣，配合默契。尤其“Thou Swell”和“Season in the Sun”，在雅吉和洛伊欢快明朗的歌声后面，Joe Morello 那倾其所有技巧的鼓点犹如掠过原野的清风，听起来真是舒坦。

Morello 的名家技艺在“Hook, Line and Snare（洛伊作曲）中登峰造极。这首乐曲主客易位，雅吉和洛伊转到 Morello 背后，以其拿手的拟声吟唱（Scat）加入超尘脱俗的合唱。

每次听这张唱片，我都重新生出敬意。敬佩孕育出如此洗炼如此技术高超的音乐的美国那方土壤——而且孕育得那么轻松自如那么如话家常，汗都不流一滴——同时敬佩那个特殊的时代。

后 记

和田　诚

一九九二年，我画了二十位爵士乐手，以“JAZZ”为题举办个人画展。一九九七年，为名叫“SING”的展览会画了二十位歌手。一九九九年的个展取名为“JAZZ 2”，又画了二十位爵士乐手。

人选完全取决于自己的爱好。这种场合的“爱好”有两种，一种听了演奏（或歌唱）后能够喜欢的人，另一种是画起来好玩，能够成为有趣图画的人。也就是说，我画的是满足这两个条件的爵士乐手。

举行“JAZZ”个展的时候，又设了一个规定。规定只适用于已故之人——我想对曾经给我们以快乐和感动而今天在天国的人献上我的敬意。

村上春树君为以画展作品为中心的二十六位爵士乐手写了随笔。在出这本《爵士乐群英谱》的书的时候，为这本书增加的六位也限于已故之人。

这本《爵士乐群英谱 2》，和前一本同样，也在画展“JAZZ 2”的作品之外增加了六位。这六位没有限于作古的人。因为眼下活蹦乱跳的爵士乐手中也有很多我喜欢的人，这回想画他们。尽管从画展到出书之间也有人成了故人。

能和村上再次一起出书，这让我感到幸运。能把听爵士乐的心情和爵士乐具有的力量如此精确写成文章——而不是乐曲解说——的人，我只知道村上君。我本身虽然没有用语言表现音乐的能力，但看村上君为我的画寄来的文章，我每每为之赞叹：啊，是的是的，我听这个人的时候也是这样的感觉！

听说村上君写之前要听好几张那个人的唱片。我在画完之前也一直放那个人的唱片。仅看照片是根本画不出来的。就算脸画得像，而要表现更多的什么的时候，也还是要借助音乐。顺便说一句，我听的也是LP。

图书在版编目（CIP）数据

爵士乐群英谱2/（日）村上春树著；和田诚画；
林少华译.—上海：上海译文出版社，2011.12（2023.12重印）
ISBN 978-7-5327-5650-6

Ⅰ.①爵… Ⅱ.①村…②大… ③林… Ⅲ.①爵士乐—
演奏家—生平事迹—美国—现代 Ⅳ.①K837.125.76

中国版本图书馆CIP数据核字（2011）第220411号

PORTRAIT IN JAZZ 2
by Haruki Murakami
Copyright © 2001 Harukimurakami Archival Labyrinth
All rights reserved.
Originally published in Japan by SHICHOSHA Publishing Co., Ltd., Tokyo
Haruki Murakami, Japan
Thought THE SAKAI AGENCY and BARDON-CHINESE MEDIA AGENCY.
Illustration Copyright © 2001 Makoto Wada

图字：09-2012-018 号

爵士乐群英谱 2
文／村上春树 画／和田诚 译／林少华
责任编辑／姚东敏 装帧设计／张志全工作室

上海译文出版社有限公司出版、发行
网址：www.yiwen.com.cn
201101 上海市闵行区号景路159弄B座
上海中华商务联合印刷有限公司印制

开本 890 × 1240 1/32 印张4.5 字数34,000
2011 年12月第1版 2023年12月第5次印刷
印数 14,001-15,500册

ISBN 978-7-5327-5650-6 / I · 3320
定价：68.00元

本书中文简体字专有出版权归本社独家所有，非经本社同意不得转载、摘编或复制
如有质量问题，请与承印厂质量科联系。T：021-59226000